Pashto Language Alphabet for Beginners!

د پښتو زده کړه دتولو لپاره

Susan Peerzada

Copyright © 2023

All rights reserved.

ISBN: 978-1-917096-34-8

All rights reserved. No part of this publication may be reproduced, distributed, or transmitted in any form or by any means, including photocopying, recording, or other electronic or mechanical methods, without the author's prior written permission, except in the case of brief quotations embodied in critical reviews and certain other non-commercial uses permitted by copyright law. For permission requests, please get in touch with the author.

Dedication

To all Afghan Children

Acknowledgments

I would like to thank my husband Dr. Mohammad Ashraf a native Pashto speaker for helping me with words and ideas for this book.

About the Author

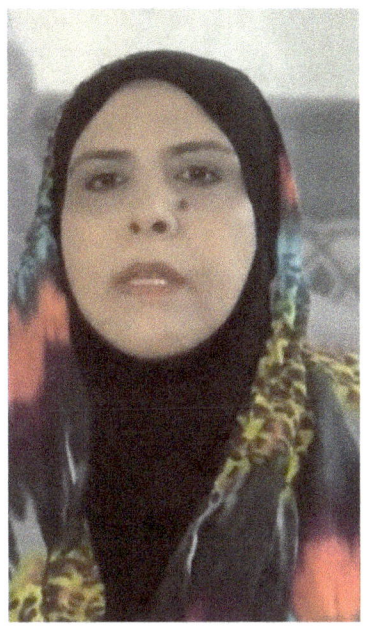

Susan Peerzada is an author and promoter of Afghan culture, history and languages. She believes that language is the key for learning about any civilization. Learning Pashto and Dari/Farsi languages help to connect easily with people of Afghanistan and improve Pashto and Dari/Farsi literacy among the Afghan diaspora and their children living abroad.

د پښتو ژبي الفبی

ا ب پ ت ټ ث ج ځ

چ څ ح خ د ډ ذ ر ړ

ز ژ ږ س ش ښ ص

ض ط ظ ع غ ف ق

ک ګ ل م ن ڼ و ه ی

ې ي ۍ

ا

انار
a'nar

__ __ __ __ __ __ __ __ ا
a'lef

__ __ __ __ __ __ __ __ ا
a'lef

ب

بابا
ba'ba

—— —— —— —— —— —— —— ب
bay

—— —— —— —— —— —— —— ب
bay

پ

پلار

plaar

— — — — — — — پ

pay

— — — — — — — پ

pay

ت

توپ

toop

ت tay

ت tay

ټ

ټول

tool

ټ ـــ ـــ ـــ ـــ ـــ ـــ ـــ

taey

ټ ـــ ـــ ـــ ـــ ـــ ـــ ـــ

taey

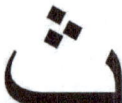

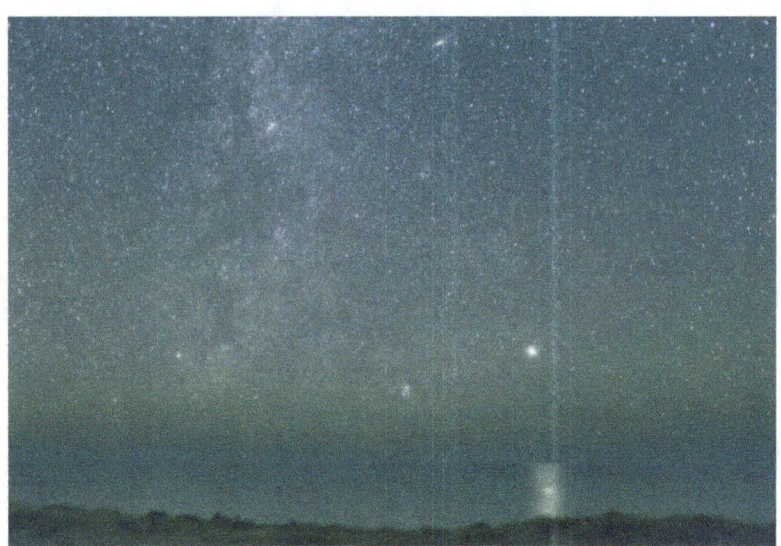

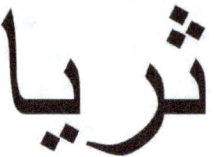

ث

ثريا

suraya

ث ــ ــ ــ ــ ــ ــ ــ

say

ث ــ ــ ــ ــ ــ ــ ــ

say

ج

جرس

jaras

‎－ － － － － － － ج

jaeem

－ － － － － － － ج

jaeem

ځ

ځوان

zwan

— — — — — — — — — — ځ
zay

— — — — — — — — — — ځ
zay

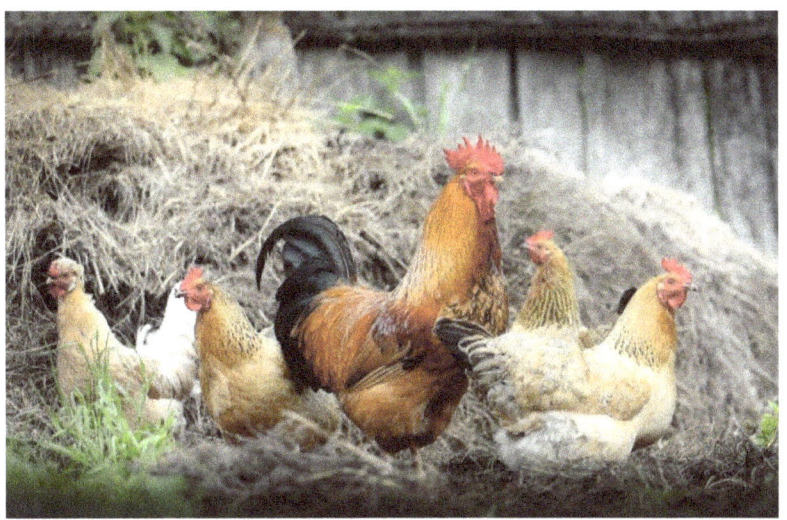

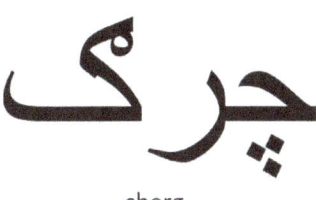

چ

چرگ

cherg

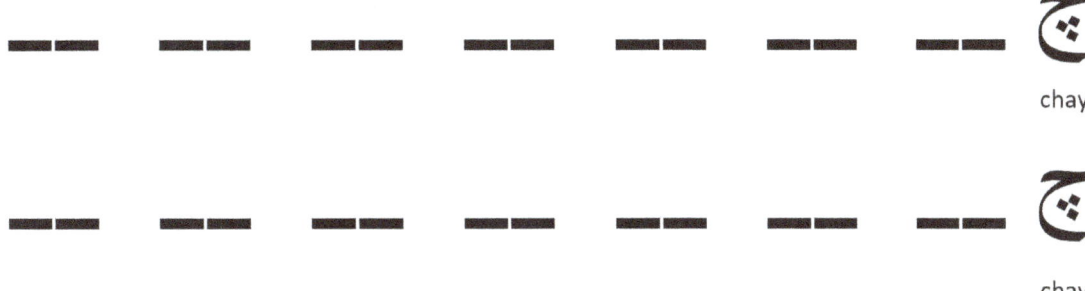

چ -- -- -- -- -- -- --

chay

چ -- -- -- -- -- -- --

chay

څ

څاروی

sarway

_ _ _ _ _ _ _ _ څ
say

_ _ _ _ _ _ _ _ څ
say

ح

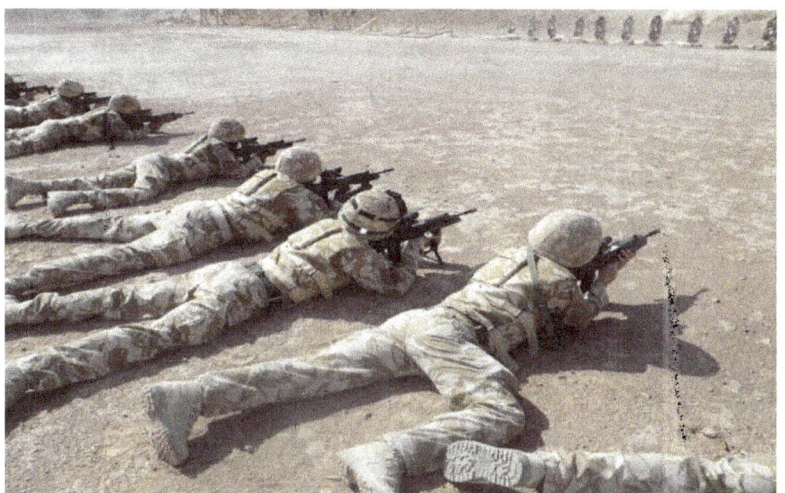

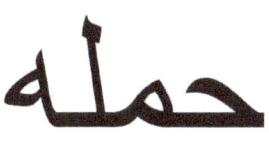

حمله

hamla

ح ــ ــ ــ ــ ــ ــ ــ

hay

ح ــ ــ ــ ــ ــ ــ ــ

hay

خ

خولی

Khwali

خ
khay

خ
khay

د

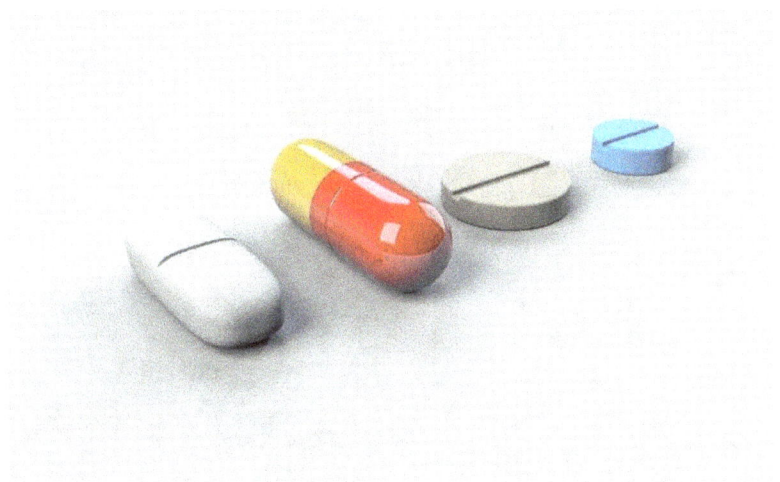

دوا
dawa

ـــ ـــ ـــ ـــ ـــ ـــ ـــ ـــ د
daal

ـــ ـــ ـــ ـــ ـــ ـــ ـــ ـــ د
daal

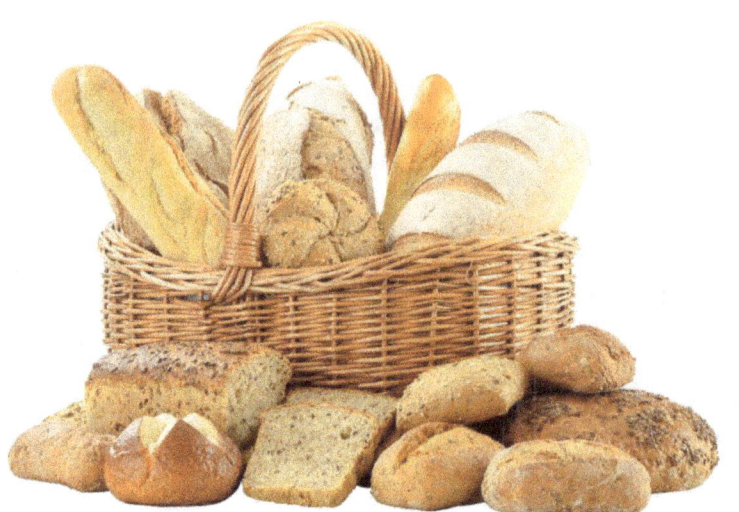

ډ

ډوډی

doday

ډ
doll

ډ
doll

ذ

ذکر

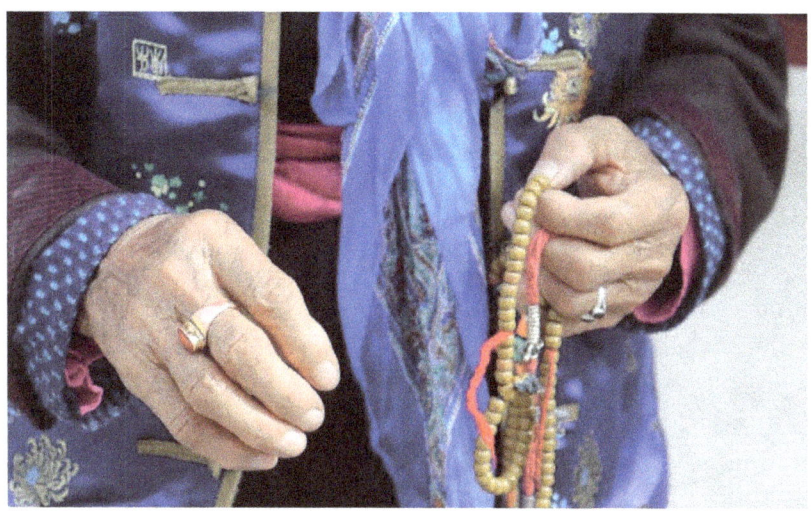

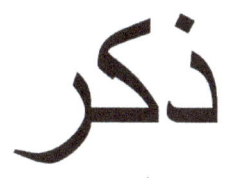

zaker

ذ __ __ __ __ __ __ __

zal

ذ __ __ __ __ __ __ __

zal

ر

رباب
rabab

__ __ __ __ __ __ __ __ __ __ ر
ray

__ __ __ __ __ __ __ __ __ __ ر
ray

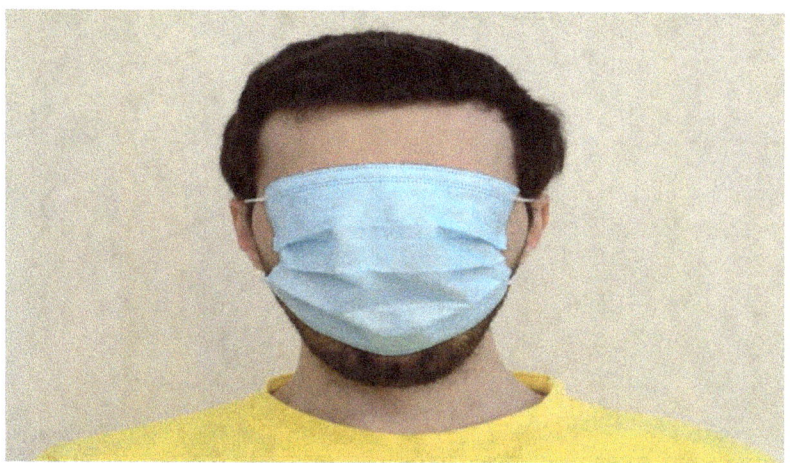

ࢪ

ࢪوند

loond

ࢪ __ __ __ __ __ __ __

lay

ࢪ __ __ __ __ __ __ __

lay

ز

زمری

zmary

ز
__ __ __ __ __ __ __
zay

ز
__ __ __ __ __ __ __
zay

ژ

ژمی

zhamai

ژ ــ ــ ــ ــ ــ ــ ــ

zhaay

ژ ــ ــ ــ ــ ــ ــ ــ

zhaay

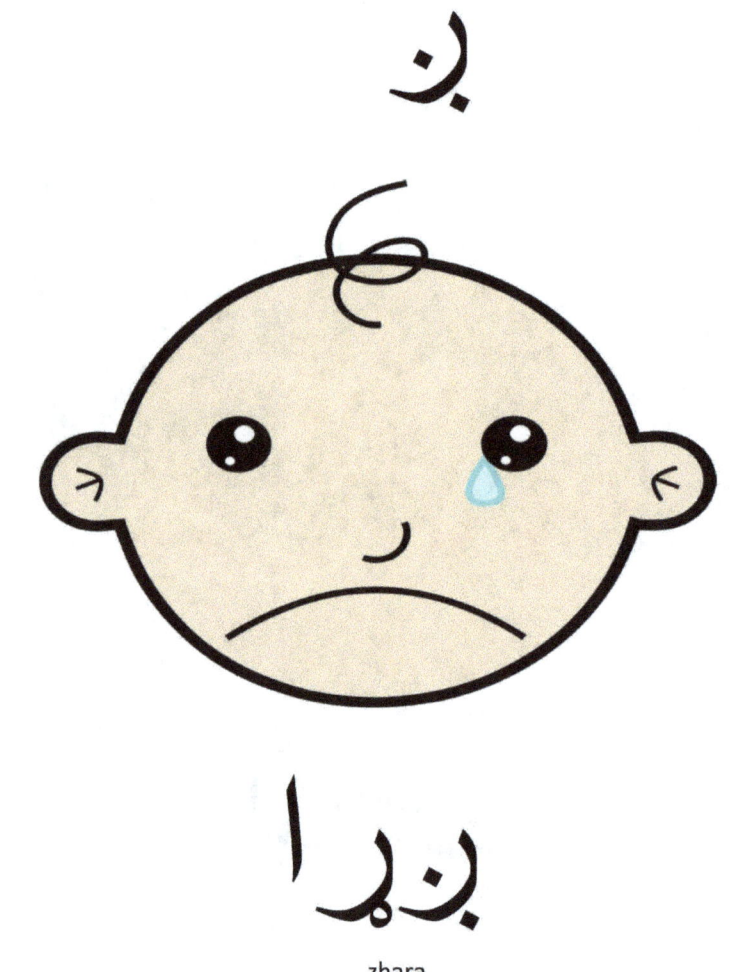

ږ

ږړا

zhara

ږ __ __ __ __ __ __ __

zhaay

ږ __ __ __ __ __ __ __

zhaay

س

ستوری

Storay

س ‒‒ ‒‒ ‒‒ ‒‒ ‒‒ ‒‒ ‒‒
seen

س ‒‒ ‒‒ ‒‒ ‒‒ ‒‒ ‒‒ ‒‒
seen

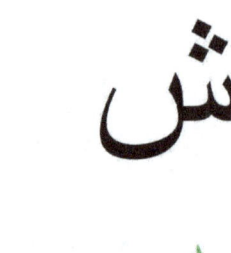

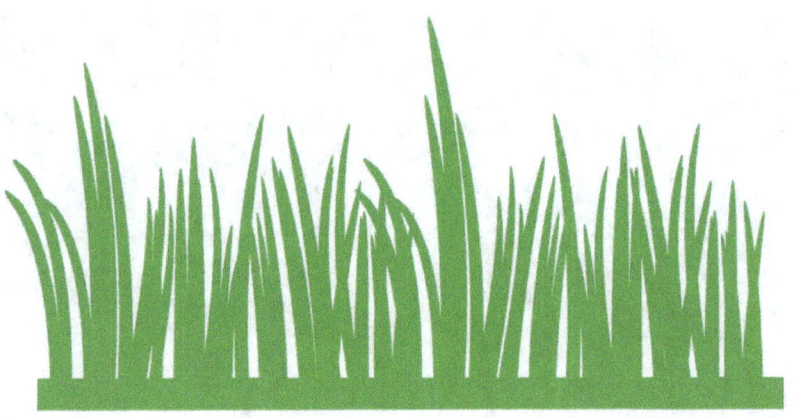

ش

شين

sheen

ش __ __ __ __ __ __ __

sheen

ش __ __ __ __ __ __ __

sheen

ښ

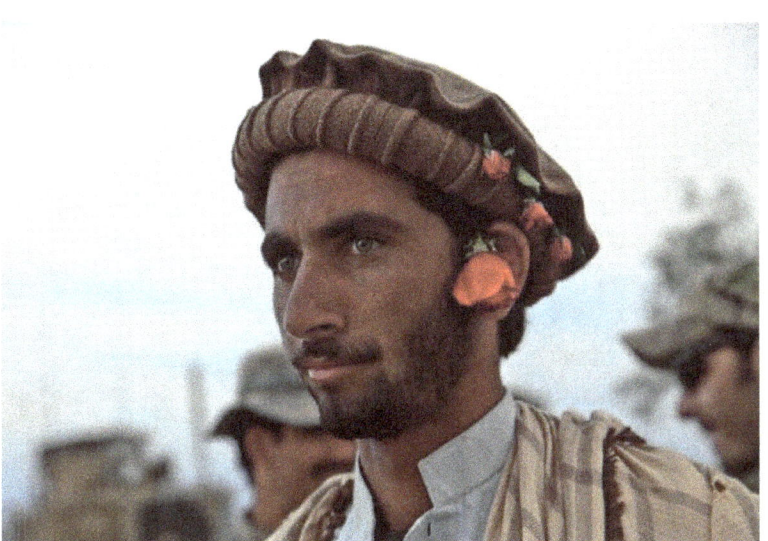

پښتون

ښ __ __ __ __ __ __ __ __

sheen

ښ __ __ __ __ __ __ __ __

sheen

ص

صابون
saboon

ص __ __ __ __ __ __ __ __
swat

ص __ __ __ __ __ __ __ __
swat

ض

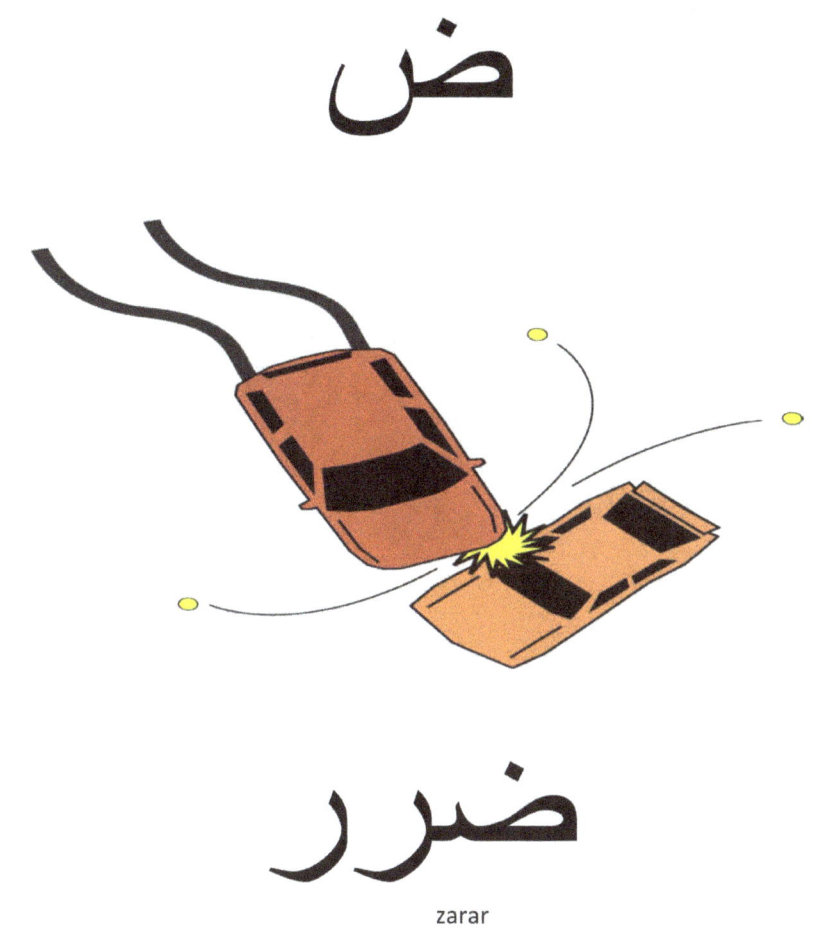

ضرر
zarar

ــــــــــــــــــــــــــــــــــــــ ض
zwat

ــــــــــــــــــــــــــــــــــــــ ض
zwat

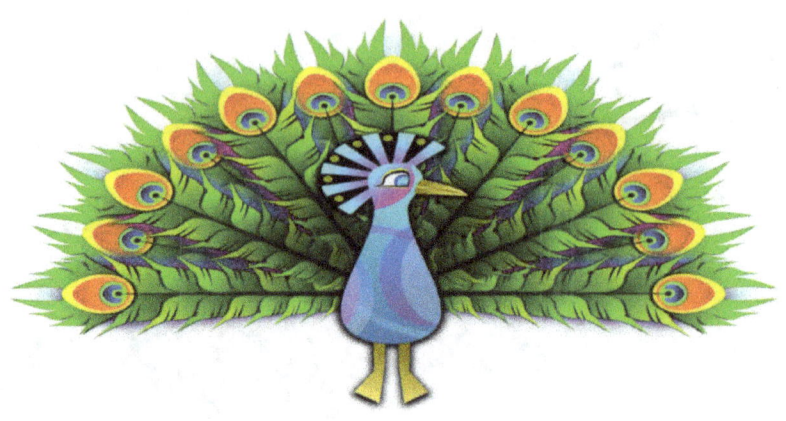

ط

طاوس

tawoos

ط__ __ __ __ __ __ __

tooy

ط__ __ __ __ __ __ __

tooy

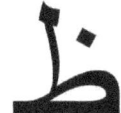

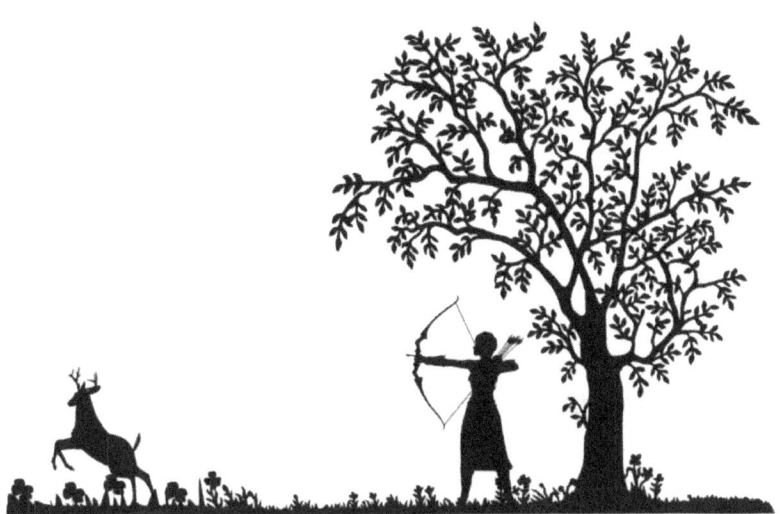

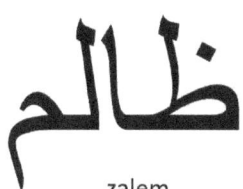

ظ

ظالم

zalem

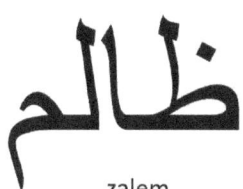

ظ

zooy

ظ

zooy

ع

عدالت
adalat

ع a'in
_ _ _ _ _ _ _ _ _ _ _

ع a'in
_ _ _ _ _ _ _ _ _ _ _

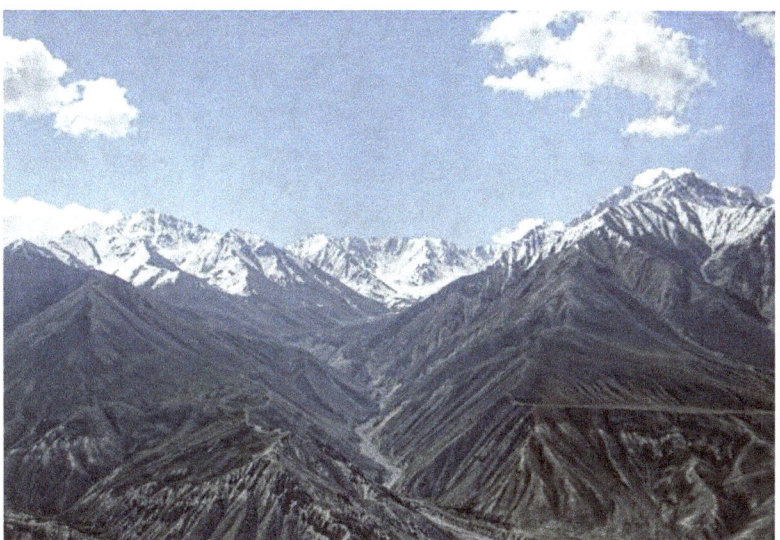

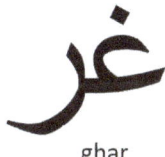

غ

غر

ghar

غ__ __ __ __ __ __ __

ghaen

غ__ __ __ __ __ __ __

ghaen

ف

فقير
faqeer

ف
fay

ف
fay

ق

قوى

qawi

ق
_ _ _ _ _ _ _ _ _ _ _ _
qaaf

ق
_ _ _ _ _ _ _ _ _ _ _ _
qaaf

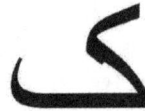

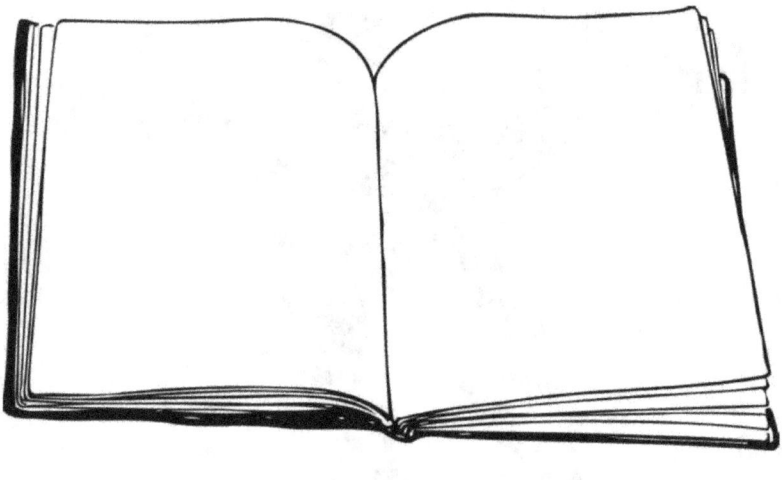

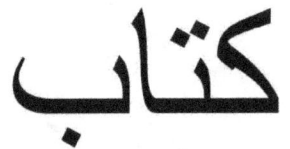

ک

کتاب

katab

ک ــ ــ ــ ــ ــ ــ ــ

kaaf

ک ــ ــ ــ ــ ــ ــ ــ

kaaf

گ

گلاب
golab

‐ ‐ ‐ ‐ ‐ ‐ ‐ ‐ ‐ ‐ ‐ ‐ ‐ ‐ گ
gaaf

‐ ‐ ‐ ‐ ‐ ‐ ‐ ‐ ‐ ‐ ‐ ‐ ‐ ‐ گ
gaaf

ل

لمر
L'mer

ــــ ــــ ــــ ــــ ــــ ــــ ــــ ل
laam

ــــ ــــ ــــ ــــ ــــ ــــ ــــ ل
laam

م

منه

mana

م ــــ ــــ ــــ ــــ ــــ ــــ ــــ

meem

م ــــ ــــ ــــ ــــ ــــ ــــ ــــ

meem

ن

نارنج
narang

ن
noon

ن
noon

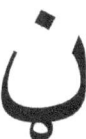

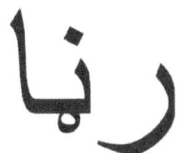

ن

رنا

ranaa

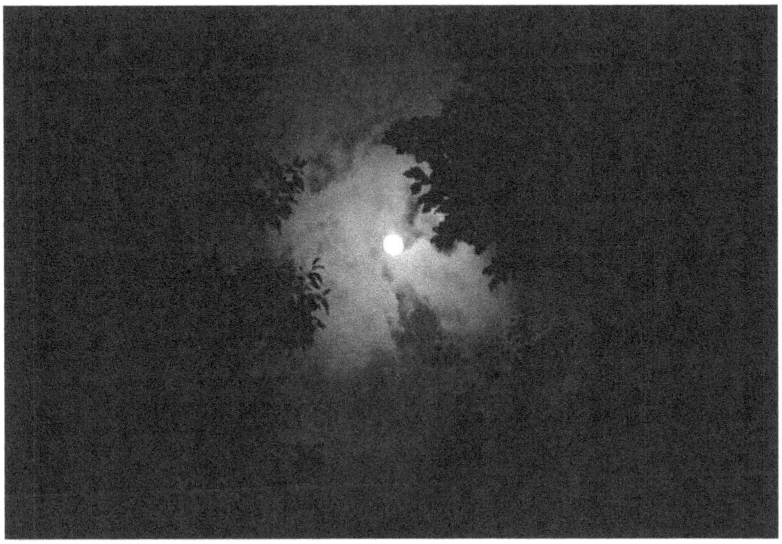

ن__ __ __ __ __ __ __ __

noun

ن__ __ __ __ __ __ __ __

noun

و

واوره

wawra

و ـــ ـــ ـــ ـــ ـــ ـــ ـــ

waw

و ـــ ـــ ـــ ـــ ـــ ـــ ـــ

waw

ه

هندوانه

Handowana

ه ـــ ـــ ـــ ـــ ـــ ـــ ـــ ـــ
hay

ه ـــ ـــ ـــ ـــ ـــ ـــ ـــ ـــ
hay

ی

زمری

zmary

__ __ __ __ __ __ __ ی
yaa

__ __ __ __ __ __ __ ی
yaa

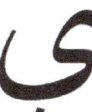

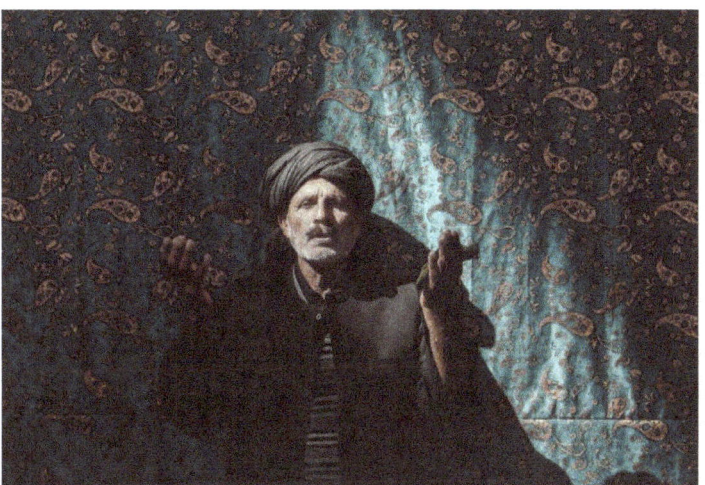

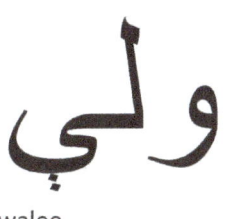

ي

ولي

walee

ي __ __ __ __ __ __ __ __ __

Yaa - used for "ee" sound

ي __ __ __ __ __ __ __ __ __

Yaa - used for "ee" sound

ي

ادي
aday

── ── ── ── ── ── ي
Yaa - used for "ay" sound

── ── ── ── ── ── ي
Yaa - used for "ay" sound

ی

زمريالی

Zmeryali

‗‗ ‗‗ ‗‗ ‗‗ ‗‗ ‗‗ ‗‗ ی

Yaa - used for "short" sound

‗‗ ‗‗ ‗‗ ‗‗ ‗‗ ‗‗ ‗‗ ی

Yaa - used for "short" sound

ئ

توریالئ

Tooryali

ئ
— — — — — —
Yaa - used for "short" sound

ئ
— — — — — —
Yaa - used for "short" sound

زه یم زمری پردی نړي له ما اتل نشته
پرهندو سندو پرتخارو پرزابل نشته
بل پرکابل نشته له ما اتل نشته

دا شعر د امیرکروړ ده چی دپښتو د ژبي لمړني لاسته راغلي شعر ده.

امیرکروړ د امیرفولاد زوی ده چی دغور په مندیش کی اوسیده او ځاني د جهان پهلوان گڼه.

دافغان په ننگ می وتړه توره
ننگیالې د زمانی خوشحال خټک یم

دا شعر دپښتو دمشهور شاعر خوشحال خان ده.

په یوکورکی پیدا کیږی او لویږی
یوی گوره ابراهیم بلی اذر شي

دا تلمیح ده: تلمیح یوادبی صنعت ده چی په لغت کی اشاره کولو ته وای. ولی په اصطلاح کی که شاعر په خپل شعر کی یوی مشهوری قصی ته اویا واقعی ته په لنډه توگه اشاره وکړی د تلمیح ادبی صنعت ورته وای. په پورته بیت کی شاعرد ابراهیم خلیل الا قصی ته اشاره کړی ده چی پلاری اذر بت پرست او خپله بت شکن او پیغمبراو.

www.ingramcontent.com/pod-product-compliance
Lightning Source LLC
Chambersburg PA
CBHW081628100526
44590CB00021B/3653